時代をつくるデザイナーになりたい!!

Hair Designer
ヘアデザイナー

人の髪をととのえて
快適にしてあげたいから
めざせ、
ヘアデザイナー!!

協力
東京都理容生活衛生同業組合
東京都美容生活衛生同業組合

六耀社

時代をつくるデザイナーになりたい!!
ヘアデザイナー

3 第1章 個性をいかして、清潔感あふれる髪型をデザインする

ヘアデザイナーの基礎知識①／ヘアデザイナーの基礎知識②／
ヘアデザイナーの基礎知識③／ヘアデザイナーの基礎知識④／
ヘアデザイナーの基礎知識⑤

12 第2章 髪で個性を表現するヘアデザイナー

13 ヘアデザイナーの仕事① 美容室でかつやくする美容師
実績に支えられた技術で、お客の髪をデザインする／美容師の仕事——1日のながれ／コラム：美容師が使いこなす美容の設備と道具／コラム：渋谷きく子さんプロフィール

18 ヘアデザイナーの仕事② 結婚式の現場でかつやくする美容師
母といっしょに2人3脚で美容にたずさわる／コラム：里巴さんプロフィール／コラム：結婚式の現場で使いこなす道具／結婚式にかかわる美容師の仕事は、美容相談からはじまる／コラム：準備〜結婚式当日までの仕事のながれ／結婚式当日の準備のながれをおいかける／結婚式の進行にあわせて／結婚式のあと／コラム：和装の着つけ、ヘアメイクも手がけます

23 ヘアデザイナーの仕事③ 地域に密着してかつやくする理容師
理容店とはどのようなところかな？／コラム：理容師をめざしたきっかけ（近藤伸彦さん）／理容師の1日の仕事のながれ／コラム：出張理容をおこなうこともあります

28 ヘアデザイナーの仕事④ 高度な技術を、つねにきたえる理容師
あこがれていた理容店のスタッフのことばに心動かされる／理容師をめざしたときから、チャレンジははじまる／運命的な出あいがプロ意識を刺激する／コラム：理容コンテストでは、どんなことをするの？／世界のトップと実力をきそうステージに立つために／チーム・トレーニング、そして、自主練習で大会にそなえる／海外のコンテストに参加して、世界大会にそなえる／コラム：小林さんの世界大会挑戦へのながれ／いよいよ、世界大会のときがきた！／つぎの世界大会に向けて、あらたな挑戦がスタート／コラム：小林雄太さんプロフィール

33 ヘアデザイナーの気になるQ&A
Q1 理容師や美容師になるためにはどのような進路を選べばよいのでしょうか？／Q2 専門の養成施設では、どのようなことを学ぶのですか？／Q3 養成施設を卒業したあと、どうすればプロとしてかつやくできますか？／Q4 理容師と美容師としてかつやくするためには、どんな道具を使いこなさなければなりませんか？

第1章

個性をいかして、清潔感あふれる髪型をデザインする

Hair Designer

人は、表情ひとつで、まわりに
よい印象をあたえることができます。
よい表情は、その人にふさわしい髪型から
うまれるといいます。髪型が、
時代の移りかわりとどのようにかかわり、
人びとにどのような役割をはたしてきたか
みていきましょう。

ヘアデザイナーの基礎知識 ①

私たちは、だれでも快適な日常生活を
おくりたいと考えています。
そこで、まわりの人たちとよいつながりをもつために、
いろいろな努力をはらっています。

● ことばづかいに気をつける。
● 公共のマナーとルールをまもる。
● 身だしなみに気をくばる。

とてもたいせつな
ことばかりだわ。

でも、
身だしなみって
どんなことかな？

身だしなみとは、
まわりの人たちを
不快な気もちに
させないような、
きちんとした服装や
顔つき、すがたなどです。

個性をいかして、清潔感あふれる髪型をデザインする

あなたの「みた目のすがた」を
きちんとするために
たいせつなことが
いくつかあります。

● みた目のすがたでもっとも
　たいせつなことは、第一印象です。
● 第一印象とは、相手の人が
　ひと目みたときにいだく印象のことです。
● 第一印象の決め手となるのは、
　目にみえる「視覚」です。
● まわりの人たちは、まず、
　あなたの顔をみるといわれています。
● あなたの顔の印象は、髪のかたちで
　大きくかわるといわれています。
● つまり、髪をととのえることで、
　第一印象はよくなるのです。
● 身だしなみをととのえるには、
　髪の手入れがたいせつになるのです。
● 髪の手入れは、衛生の面で
　大きな役割をはたします。

髪の手入れは、古代エジプトの時代にはじまった!?

紀元前4000年ごろから3000年ごろ、北アフリカのナイル川のほとりにピラミッドで有名な古代エジプト文明がさかえました。のちに発掘された遺跡の壁画には、石やカキの貝がらを研いでつくった道具で髪をカットしているようすが描かれていました。いまでいうヘアカットです。当時は、理容の専門家が僧りょの役目もはたして、宗教上の儀式としてヘアカットがおこなわれていたそうです。

髪をととのえることを理容・美容といいます。ここでは、日本の歴史をかんたんにふりかえってみましょう。

まげをととのえる専門家がいました。とくに、江戸時代には、まげを結い、ととのえる仕事を専門にする「髪結い」という職人がかつやくしました。

古代から江戸時代まで、人びとは「まげ」を結っていました。まげは、時代ごとに特ちょうがあり、まげのかたちをみれば、その人の身分や職業、年令までがわかるといわれます。

ところが…!!

1871年（明治3年）に明治政府から「断髪令」がだされました。断髪令は、まげを切って自由な髪型にしてもいいという内容で、いまにつながる理容・美容がはじまるきっかけになりました。

でも、断髪令がでても、女性のなかにはまげを結ったままの人もたくさんいました。まげは、太平洋戦争がはじまる前の時代まで日常生活のなかでいきつづけたのです。

明治時代のはじめごろにはこんな髪型が登場しました。

理容・美容のあたらしい時代が幕開けした

明治時代のはじめになると、たくさんの西洋文化が欧米から伝えられました。文明開化といわれ、なかには西洋の理容技術もふくまれていたのです。

1869年（明治2年）には、横浜に日本ではじめての理容店が開店しました。当時の横浜には、外国人が住んだり商売をすることをゆるした居留地とよばれる特別な場所がありました。日本ではじめての理容店は、おもに外国人をお客にしていたのです。

ヘアデザイナーの基礎知識②

ずいぶん理容・美容についてくわしいですね？

私は、美容の仕事にたずさわる美容師です。

私たちは、人びとの髪をととのえる専門家です。

私は、理容の仕事にたずさわる理容師です。

個性をいかして、清潔感あふれる髪型をデザインする

プロの理容師・美容師に必要なこと

プロの理容師としてかつやくするためには、養成施設（理容学校）で技術と知識を学び、国家試験を受けて国家資格を取得しなければなりません。

プロの美容師としてかつやくするためには、養成施設（美容学校）で技術と知識を学び、国家試験を受けて国家資格を取得しなければなりません。

●美容学校で学ぶ

●理容学校で学ぶ

国家試験 —合格→ 国家資格を取得

※くわしくは33-36ページをみよう。

ヘアデザイナーの基礎知識 ③

プロの理容師と美容師に必要な国家資格とはどんなものなのかな？

国家資格はこういうものです。

理容師と美容師は、なぜ国家資格なのか。そのわけをみてみましょう。

国家資格とは…

国家資格は、国の法律でさだめられた資格です。対して、認定資格とよばれる民間の資格があります。

国家資格では、ひとつの仕事について、国家試験をとおして必要な技術と知識が一定の水準にたっしているかどうかが判定されます。理容師と美容師は、国家試験に合格すると、国家資格を取得することができます。

そして、おおやけの機関に登録すると、はじめて仕事の現場でかつやくできるのです。

理容師・美容師が国家資格の理由

厚生労働省の資料によると、つぎのような理由があげられています。

理容師と美容師は、ブラシやクシ、カミソリなどを使ってたくさんのお客の肌にじかにふれる仕事です。そのため、お客をひふ病など伝染性の病気からまもるために、公衆衛生上の理由で国家資格とされているのです。そこで、お店の衛生管理など、周囲の環境を清潔にたもつことがもとめられています。

なかには、理容師と美容師の両方の資格を取得する人も登場しています。
この場合は、それぞれの国家試験を受験して合格する必要があります。

ヘアデザイナーの基礎知識 ④

同じように人の髪をととのえる仕事にたずさわっているのに、理容師と美容師は、別べつの職業なんですね。

理容師の仕事は理容師法、美容師の仕事は美容師法でさだめられています。いずれも、厚生労働大臣の認可により仕事をすることができます。

はい。理容師と美容師はそれぞれ別の法律で認可されています。そこで、別べつに仕事の内容がさだめられているのです。

個性をいかして、清潔感あふれる髪型をデザインする

理容師と美容師のおもな仕事

- **カット**…ハサミやバリカンなど、専門の道具を使って髪を切る。
- **シャンプー**…洗浄剤をつけて髪を洗う（洗髪）。
- **トリートメント**…栄養剤をつけて髪を手入れする。
- **ブロー**…ドライヤーで髪をかわかすこと。
- **セット**…スタイリングともいう。ブラシ、髪をまきつけて使うロッド、ヘアアイロンという器具などを使って髪にくせをつけたり、整髪料を使ってヘアスタイルを仕あげる。
- **カラー**…髪に染毛剤や染毛料をぬり、いろいろな色に髪をそめたり、白髪を黒くそめたりする。
- **パーマ**…髪をまきつけるロッドとパーマ液を使い、髪にカール（まき毛）やウェーブ（波状のかたち）をつけたり、くせ毛をなおして直毛にする。
- **アップ**…ゴムやヘアピンを使い、髪を結いあげる。
- **メイク**…化粧。

理容師にしかできないこと

- **シェービング**…ひげやまゆ毛、えり足などをカミソリでそる。

専門の技術をもつ理容師・美容師がおこなうメニュー

- **着つけ**…着ものをきれいに着せる。
- **ヘッドスパ**…髪の健康をたもつためにおこなう頭皮マッサージなど。
- **ネイル**…手足のツメの化粧。
- **エステ**…肌の手入れ。
- **まつ毛エクステーション**…自分のまつ毛1本1本に、特しゅな接着剤で人工のまつ毛をつけていく。

理容師と美容師の仕事をくらべたとき、もっとも大きなちがいはシェービングをできるかできないかにあります。

おもに、理容師は理容店で、美容師は美容室という専門店でかつやくします。

理容店や美容室でお客と接しながら、お客の要望や希望に応じて髪をととのえることから「接客業」といわれます。

身につけた高い技術で仕事をこなす点は同じね。

サービス業ともいわれているね。

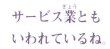

髪型は、英語でヘアスタイルといいます。新しいヘアスタイルは、理容師と美容師の手で創造されて、人気のヘアスタイルが新しい流行をうみだすこともあります。

私たちは、専門の雑誌やインターネットから新しいヘアスタイルの情報を手に入れることができるのね。

雑誌やインターネットの情報は、ヘアカタログというんだね。

お客のなかには、自分の髪をととのえるために、多くの情報から気に入ったヘアスタイルを選んで、理容店・美容室にでかける人もいます。

ヘアデザイナーの基礎知識 ⑤

理容師と美容師は、基本の技術をさまざまに工夫しながらあたらしいヘアスタイルを創造します。そのために、理容師と美容師は日ごろから技術の向上をめざします。

理容・美容の世界には、自分の実力をはかることができるコンテストがいろいろあります。

日本国内でおこなわれる理容・美容コンテスト

日本国内では、複数の理容・美容の団体が、それぞれコンテストを開いています。そのなかでメインになるのが、全国理容生活衛生同業組合連合会（※1）と、全日本美容業生活衛生同業組合連合会（※2）が主催する競技大会です。それぞれ、47都道府県の支部ごとに開催される地区大会、ブロック大会（理容のみ）をへて、「全国理容競技大会」「全日本美容技術選手権大会」といった全国大会をめざします。

地区大会
全国の都道府県ごとに開催される大会。

↓

ブロック大会（理容のみ）
地区大会でよい成績をおさめると、そのあと、関東甲信越・東海北陸・近畿などブロックごとに開催される大会にすすむことができます。

↓

全国大会
前の大会ですぐれた成績をのこすと、いよいよ全国大会です。この大会で上位に入賞すると、11ページで紹介する世界大会の日本の代表に選ばれる可能性が高くなります。

●理容コンテストのおもな内容…
クラシカルカット・ファッションカテゴリー（刈りあげ技術とファッション性を感じさせるデザインで構成されたヘアスタイル）、トレンドカット・オン・レディス（トレンドをとり入れた女性のヘアスタイル）、トレンドカット・オン・メンズ（トレンドをとり入れた男性のヘアスタイル）ほか（第68回全国理容競技大会より）。

理容の全国大会のようす。

●美容コンテストのおもな内容…
ヘアスタイル競技、花嫁化粧着つけ競技、ストリートカット競技、カット＆ブロー競技、中ふりそで着つけ競技、洋装ブライダル競技、ネイルケア競技、ネイルアート競技、メイク競技（第44回全日本美容技術選手権大会より）。

美容の全国大会のようす。

個性をいかして、清潔感あふれる髪型をデザインする

世界一のうでを競う理容・美容コンテスト

国内の全国大会ですぐれた成績をおさめた、理容師と美容師は、世界各国から選ばれたプロとともに技術をきそう世界理容美容大会に出場します。

世界チャンピオンを決める大会ね。

〈世界理容美容大会とは〉

理容・美容の世界大会の正式な名称は「世界理美容技術選手権大会」です。世界理美容機構（OMC）によって1946年にはじまり2年ごとに開かれています。

大会には、世界理美容機構に加盟する60か国以上のなかから、ひとつの国につき理容と美容それぞれ1チーム（シニア部門）が参加して、団体戦と個人戦で技術世界一をきそいます。

←↑2016年3月におこなわれた第36回大会「OMCヘアワールド・コリア2016」には、40か国から約1000人が出場しました。日本からは37人が出場して、11種目でうでをきそいました。結果は、日本理容チームが団体戦2部門で金メダルを獲得、日本美容チームが団体戦1部門で銀メダルを獲得するという好成績をおさめました。

コンテストでは、技術力とデザインの実力がためされます。

とくに理容・美容の世界コンテストは、ヘアデザイナーのオリンピックといえるね。

では、ここから理容師と美容師の仕事ぶりをみていきましょう。

毎日の仕事をとおして、技術力とデザイン力を高めているんだね。

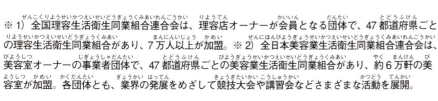

※1）全国理容生活衛生同業組合連合会は、理容店オーナーが会員となる団体で、47都道府県ごとの理容生活衛生同業組合があり、7万人以上が加盟。※2）全日本美容業生活衛生同業組合連合会は、美容室オーナーの事業者団体で、47都道府県ごとの美容業生活衛生同業組合があり、約6万軒の美容室が加盟。各団体とも、業界の発展をめざして競技大会や講習会などさまざまな活動を展開。

第2章

髪で個性を表現する
ヘアデザイナー
Hair Designer

私たちは、快適でゆたかなくらしを実現するために、入浴や洗たくなどの力をかりて、清潔で健康的な環境づくりを心がけています。そして、もうひとつ、重要な役割をはたしているのが、理容と美容です。
私たちは、髪を手入れすることで清潔さと健康をたもち、同時に、髪をととのえることで自分の個性も表現しています。理容と美容の世界でかつやくする、理容師と美容師は、すぐれた技術と独創的な発想をもとにして、人びとの期待にこたえながら、個性ゆたかなヘアスタイルを実現します。それが、髪を自在にあやつるヘアデザイナーの「わざ」です。

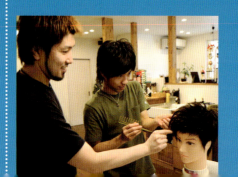

美容室でかつやくする美容師

ヘアデザイナーの仕事 ①

美容界を代表するトップランナーのひとり、渋谷きく子さんのお店「美容室K-Point（キーポイント）」は、東京・中央区人形町にあります。ここからは、美容室の仕事を、1日のながれで追いながら、美容師という仕事をさぐっていきます。

美容室「K-Point（キーポイント）」と、そこで働く渋谷きく子さん。

実績に支えられた技術で、お客の髪をデザインする

渋谷さんは、1992年に美容の世界大会でチャンピオンの栄誉を手にしました。また、2014年には、厚生労働省によって「現代の名工」に選ばれました。現代の名工とは、さまざまな分野で、すぐれた技術をもつ人をたたえるものです。

現在、渋谷さんは、「K-Point」で若いスタッフを指導しながら、お客に接しています。美容室の場合、予約が一般的です。渋谷さんの技術を信頼する、多くのお客が予約を入れてきます。

渋谷さんのヘアデザインは、お客が家にもどってからも自分でうまくととのえられるような髪型が特ちょうで、その点が人気をよんでいるのです。

渋谷さんは、お店のかたわら、プロでかつやくしている美容師の育成にも力を入れています。

真のプロフェッショナルを世に送りだすことを目的にした「K-Pointアカデミー」では、ヘアスタイルの観察・分析の力などを学ぶデッサンコース、基本的な技術力を学ぶスタイリストコース、デザイン・表現・創造力などを学ぶデザインコースがあります。この教室では、渋谷さんのほかにも、現役でかつやくする多くの美容師が講師をつとめています。

美容師の仕事――1日のながれ

開店の前にすること

お店は、火曜日が休みで、平日は11時、土曜・日曜・祝日は10時に開店します。平日の朝は、開店の約1時間30分前に店にでて、スタッフの朝練をおこないます。

朝練が終わると、店内をきれいにととのえ、看板を出して開店のときをむかえます。

→アシスタント（※）をつとめる木内加奈江さん（写真右）は、渋谷さんの指導を受けながら、コンテストへの出場をめざして練習にはげんでいます。↑朝練のあとは、店の前に看板をだして開店準備をします。

美容師が使いこなす美容の設備と道具

「K-Point」の店内には、美容をほどこすためのスタイリングチェアが5台、シャンプー台が2台、ヘッドスパ用のイスが1台あります。ほかに、パーマやカラーをおこなうときに使う器具や道具なども用意されています。

シャンプー台

美容室では、女性の顔に水がかからないように、イスをうしろにたおして顔を上に向けて洗髪します。

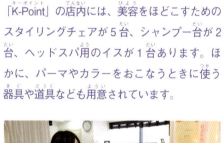

スタイリングチェア

お客がすわり、カットやブローなどをおこなうイス。向きをかえるための回転機能や、作業がしやすいように高さをかえられる昇降機能がついています。

ヘッドスパ用のイス

ヘッドスパとは、専用の洗浄剤で頭皮や髪のよごれをすっきりとおとしたり、栄養剤をつけてマッサージをし、血液のめぐりをよくして頭皮や髪を健康にたもつ目的でおこなわれるものです。ベッドのようにたおせる専用のイスでおこないます（通常のシャンプー台でおこなうこともあります）。担当するのは、ヘッドスパの専門的なトレーニングを受けた美容師です。

※アシスタントは、美容学校を卒業して美容室に入店した新人のことで、そうじや道具の手入れ、シャンプーなど先輩美容師のサポートをしながらうでをみがき、2～3年かけてお客のカットをまかされるようになります。

開店

お客が来店したら、受けつけで手荷物をあずかります。常連のお客には会員カードがつくられます。カードを確認したら、お客をイスに誘導します。一方、はじめて来店したお客にはカウンセリングシートに必要なことがらを記入してもらいます。内容は、ふだんの髪の手入れについてや、自分の髪へのこだわり、日ごろのなやみ、髪型の希望などです。

カウンセリングシートの回答にそって、渋谷さんがお客に質問します。こうした情報をもとに、渋谷さんがその人にいちばん似あう髪型を提案します。

パーマやカラーで使う機器

頭の上からやさしく熱をあてて、髪につけたパーマ液やカラー剤をなじませるための機器などがそなえられています。

そのほかの道具

→あたためたカーラーを髪にまきつけてカールさせるホットカーラーと、髪をアップするときに使うピン類。

↓白髪をそめたり、黒い髪をさまざまな色にそめるためのカラー剤と、カラー剤を髪につけるためのブラシなど。

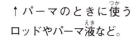

↑パーマのときに使うロッドやパーマ液など。

渋谷きく子さん

プロフィール：美容室 K-Point、K-Point アカデミー代表、美容教育学博士、全日本美容講師会（※1）常任創作委員、東京美容家集団（※2）最高指導委員、イメージコンサルタント。1980年新日本髪全国コンテスト優勝、1989年全日本選手権大会優勝、1992年世界美容技術選手権金メダル、2007年全日本理美容選手権大会パーティーヘア＆メイク部門優勝。2008年にはパリコレの桂由美ステージにヘア＆メイクで参加。2014年に厚生労働省の「現代の名工」（卓越した技能者）受賞、2016年黄綬褒章受章。

※1）全日本美容講師会とは、全国の会員美容師とともに、さまざまな情報からトレンドを感じ、新しいヘアデザインを創造・発信。日本の伝統文化である着つけの伝承と技能向上にも力をそそぐ。
※2）東京美容家集団（TBA）とは、東京都美容生活衛生同業組合（BA東京）の技術部門を担当する団体。美容技術向上と美容業発展を目的に、月例会や実技講習などを開催。

シャンプー

シャンプー台で洗髪をします。お客がイスにすわったら、ひざかけをしてあげるのも、美容室ならではの気くばりです。そして、シャンプーのためにイスをリクライニングするときには、「たおします」と声をかけます。

カット―美容師のわざが光る

美容師は、お店のメニューにそって、さまざまな技術を使いながら髪をデザインします。お客は、メニューの項目を選び、いろいろな注文をだします。そこで、お客の個性にあわせながら、ひとつひとつの希望にこたえ、よいヘアデザインを提案していくのが美容師の仕事です。

美容師にとってたいせつなことは、作業をしながらお客とコミュニケーションをはかっていくことです。なかでも、仕あげに直結するカットは、美容師のうでのみせどころといえます。

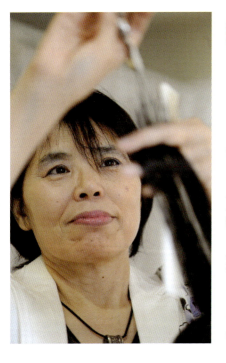

髪をすく

すきバサミを使ったり、ハサミの片方の刃をカミソリのように使って、髪の量をへらしていきます。

指間刈り(ブラントカット)

髪の毛を人さし指と中指ではさみ、切りたいところでおさえ、指のあいだからでている部分をカットします。

チョップカット

ハサミをたてに入れて、毛先をギザギザに切ることで、軽い感じに仕あげていきます。

→カットが終わったら、カガミをみながら左右のバランスを確認して、こまかい部分まで微調整していきます。

仕あげ

カットのあとは、シャンプー台で切ったあとのこまかい毛をながし、軽くマッサージをします。アシスタントの木内さんがドライヤーで軽く髪をかわかしたら、最後は、渋谷さんがドライヤーとブラシを使ってスタイリングし、仕あがりをお客に確認してもらったら終了です。

パソコンで情報を管理する

美容室にとって、お客の予約はかかせません。予約は、電話とインターネットで受けつけます。受けつけたデータはパソコンに入力し、予約がかさならないように管理します。また、来店したお客の情報も、パソコンで管理します。お客がかえったあと、手があいたとき、ひとりひとりのカルテに、どんな作業をしたかこまかく記入して、つぎに来店したときの参考にします。

閉店の準備

お店は、平日は20時、土曜・日曜・祝日は19時に閉店します。閉店時間になってすべてお客を送りだしたら、スタッフ全員で、床、カガミ、洗面台、イスなどをきれいにそうじしたり、道具の手入れをします。
閉店後は、美容師のうでをみがくため、各自が練習をします。渋谷さんも練習に立ちあい、指導をすることもあります。

ヘアデザイナーの仕事 ❷

結婚式の現場でかつやくする美容師

里巴さんがかつやくしているのは、ホテルという特別な場所にある美容室です。ホテルの美容室では、おもに結婚式（ブライダルという）の場面で、新郎（花むこ）と新婦（花よめ）のためにヘアメイクや着つけなどをおこなっています。

里巴さん（左端の写真の右側。左側は母のヒロコ勝沼さん）は、東京・大塚にあるホテルベルクラシック東京内の美容室に勤務して、結婚式を中心にかつやくする美容師です。

母といっしょに2人3脚で美容にたずさわる

里巴さんは、祖母、母から3代つづく美容師です。通常の美容室や、ホテル・結婚式場内の美容室を計8か所いとなむ母のヒロコ勝沼さんと、娘の里巴さん。ヒロコ勝沼さんは、各店のチェックをしながら、自社が開催しているスタッフ育成のための講習会で教えたり、全日本美容業生活衛生同業組合連合会（くわしくは11ページ）の仕事や、ホテルベルクラシック東京の美容室で里巴さんとともに美容の仕事をこなしています。また、里巴さんは、結婚式の現場のほか、ヘア・ショーやヘアカタログなど、はば広い分野でかつやくしています。

里巴さん

プロフィール：ホテルベルクラシック東京美容室勤務、有限会社コンツェルン勝沼取締役常務、全日本美容講師会常任創作委員・師範（※1）、全美連SBSメイク認定指導講師（※2）・スーパーバイザー、東京美容家集団常任指導委員（※3）

※1・3) 全日本美容講師会、東京美容家集団については、15ページを参照。
※2) SBS（全美連評価認定制度）は、全日本美容業生活衛生同業組合連合会がおこなう、エステ、ネイル、メイク、着つけ、接遇・マナーの5種目を、知識と技術を評価認定するもの。

結婚式の現場で使いこなす道具

結婚式は、挙式・披露宴（くわしくは21ページ）がおこなわれます。結婚式をおこなうホテル内の美容室では、用意しなければならないものや、気をつけることがいろいろあります。ここでは、里巴さんが働くホテルの美容室を例にみてみましょう。

結婚式の進行のために必要なもの

まず、結婚式にかかわるスタッフ全員が、黒のスーツを着用します。そして、結婚式をスムーズにすすめるため、はなれたところにいるスタッフ同士で、いろいろな情報を交かんする必要があります。そのため、美容師は、通信機能のあるインカム（けい帯の無線機）を身につけ、イヤホンとマイクでほかのスタッフとやりとりします。

こしにはウエストバッグを装着

ホテルベルクラシック東京の美容室のスタッフは、美容を担当した新郎新婦の記念撮影や結婚披露宴にも立ちあって、つねにふたりをサポートするアテンド（かいぞえともいう）の役目もこなします。アテンドのさいには、ウエストバッグに、化粧なおしのためのリップ（口べに）やリップブラシ、ファンデーションパフ（おしろいをつける道具）、ヘアをなおすためのコームとヘアスプレー、ガーゼや安全ピンなどを入れてつねにもち歩きます。

ワゴンの道具を使いこなす

手でおして自由に移動して使うワゴンには、ヘアのセットやアップに必要な道具一式がおさめられています。美容室にはたくさんのワゴンがおいてあり、新郎、新婦、列席者に対してワゴンを1台ずつ使います。美容師は、予定の時間をみながら、一気に仕あげていきます。

上段にあるのは、あたためたカーラーを髪にまきつけてカールさせるホットカーラー、ドライヤー、仕あげの確認のさいに使う手かがみ、セットしたヘアをかためるヘアスプレーなどです。下段には、大小のヘアピン、各種のクシやブラシ、衣裳のほつれなどを応急処置できる安全ピンや裁ほう道具、ブートニア（新郎のむねにかざる花たば）をとめるピンなどがあります。

化粧台におかれた道具

カガミの前には、使用する髪かざりやアクセサリー、手ぶくろ、ブーケ（新婦が手にもつ花たば）、メイク道具などがおかれています。

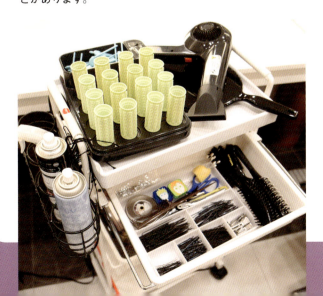

結婚式にかかわる美容師の仕事は、美容相談からはじまる

新郎新婦は、だいたい結婚式の1年前から式場を決めます。式場には、ブライダルコーディネーターとよばれる専門スタッフがいて、新郎新婦の希望を聞き、衣裳や美容、花、料理など各分野のスタッフに手配をしていきます。

結婚式の約2か月前には、衣裳スタッフと新郎新婦が相談して、結婚式の衣裳と髪かざりが決定します。こうして衣裳が決まったら、つぎは美容師が新郎新婦と相談して、どんなメイクや髪型にするか決めます。

準備～結婚式当日までの仕事のながれ

結婚式までの準備

- 約2か月前 ── 美容相談をおこなう
- 約1か月前 ── ヘアメイク・リハーサル（※1）または前撮り（※2）をおこなう
  希望に応じてブライダルエステをおこなう
- 2日前 ──── ネイルをおこなう場合は結婚式の前々日におこなう

結婚式当日の準備のながれをおいかける

髪で個性を表現するヘアデザイナー

メイクをする

挙式の約2時間30分前に新婦の仕たくがはじまります。新婦の仕たくは時間がかかるので、新郎よりもはやめにはじめます。

美容師は、新婦がドレスインナー（ドレス専用の下着）と、前開きのガウンに着がえるのを手伝い、美容のイスに案内し、ホットカーラーを髪にまいていきます。あたためたカーラーによって髪にくせがつくまで時間がかかるので、そのあいだに、メイクをします。

まず、化粧水などをつけて肌をととのえてから、ファンデーション（おしろい）をぬります。そのあと、まゆ毛をととのえ、まぶたに色をぬったり、つけまつ毛をしたり、口べにをつけて、うつくしく化粧をほどこしていきます。

ヘアをととのえる

ヘアのアップにとりかかります。ホットカーラーをはずし、カールした髪を少しずつまとめて結っていき、ヘアピンで固定します。カールした髪はまとめやすくなり、また、適度なボリュームもでやすくなります。完成したらヘアスプレーでかためて、新婦に仕あがりをチェックしてもらいます。

結婚式当日（11:00〜挙式、12:20〜披露宴の場合）
8:00 ──── 美容スタッフ出勤
8:30 ──── 新婦到着。ヘアメイク、着つけをおこなう
9:30 ──── 新郎到着。着がえ、ヘアメイクをおこなう
10:00 ──── 新郎新婦の仕たく終了
10:05〜10:25 ── アテンドのための準備をおこなう
10:40 ──── 親族紹介（新郎と新婦の親族を紹介しあう）に立ちあう
10:55 ──── 挙式リハーサルのアテンドをする
11:10 ──── 挙式（結婚をちかう儀式）に立ちあう

11:40 ──── 親族との集合写真や記念撮影に立ちあう
12:20 ──── 披露宴（親しい人をまねいて料理をふるまい、結婚のおひろめをする）に立ちあう
13:30 ──── お色なおし。ちがう衣裳にきがえ、ヘアメイクもかえる
15:20 ──── おひきあげ。着がえをし、ヘアメイクをかえる
16:20 ──── 新郎新婦をみおくる

※1）ヘアメイク・リハーサルは、本番と同様のヘアメイクをしてみることで、新郎新婦のイメージどおりの仕あがりになっているか確認する作業。
※2）前撮りとは、本来は結婚式当日におこなう記念撮影を事前におこなうことで、本番と同じ衣裳・ヘアメイクをする。

衣裳の着つけ

新婦のウエディングドレスを着つけます。ドレスのかたちによっては、パニエ（ドレスをうつくしく広げるためのスカート）をつけたり、せなかのあみあげをきれいに結んだりといった技術が必要になります。最後に、ティアラという髪かざりをつけて、顔をおおうベールをつければ完成です。

新郎の着つけとヘアメイク

新婦の仕たくの途中に新郎が到着すると、ヒロコ勝沼さんが礼服の着つけとヘアセットをおこない、里巴さんがメイクをほどこします。新郎のメイクは、ファンデーションで顔色をよくしたり、まゆをりりしくととのえます。

新郎と新婦の仕たくは、通常、ふたり体制でおこないます。さらに、結婚式に参加する親族のヘアメイクや着ものの着つけをおこなう場合は、美容のスタッフ全員が手わけをしておこないます。

結婚式の進行にあわせて

　結婚式が進行するあいだは、美容スタッフ1名がアテンドをつとめます。ドレスのすそをととのえたり、ヘアメイクをなおしたりするほか、新郎新婦がなんの不安もなくしあわせな時間をすごせるよう気くばりをします。

　また、挙式と披露宴で髪型をかえたり、披露宴の途中で衣裳や髪型をかえるお色なおしがある場合は、美容スタッフは短い時間のなかで、ヘアメイクをととのえ、衣裳の着つけをします。

←チャペル（キリスト教の挙式をおこなう礼拝堂）の前で記念撮影をするさいには、美容スタッフがドレスのすそをなおします。

←↑タイミングをみはからって、メイクやヘアをなおします。

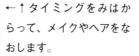

←新婦が移動するとき、ウエディングドレスのすそをひきずらないよう、美容スタッフがすそをもちます。

→↓ホテル内の写真スタジオでの記念撮影のときは、念入りにメイクをチェックします。

結婚式のあと

　披露宴が終わったら、希望にあわせてヘアメイクをととのえる「おひきあげ」とよばれる仕事をおこないます。

　多くの新郎新婦は、このあと、友人たちとのパーティに参加します。そこで、パーティ用の衣裳にあわせたヘアメイクをおこない、みおくります。これで、ひとつの結婚式にかかわる美容師の仕事が終わります。

和装の着つけ、ヘアメイクも手がけます

　結婚式の衣裳は、和と洋のスタイルがあります。ここまで紹介したのは洋のスタイルのドレスですが、写真のような和装（着もの）のヘアメイクや着つけもおこないます。

ヘアデザイナーの仕事 ❸

理容師がおもにかつやくする場所は、理容店です。
商店街や街角で、赤・青・白の3色がくるくるまわる看板をみかけたことはありませんか。その目印があるお店が、理容店です。
ここでは、地域に密着してかつやくする理容師の近藤伸彦さんを例に、その仕事ぶりをみていきましょう。

地域に密着してかつやくする理容師

近藤さんの店「カットスタジオ K's platz（ケイズプラッツ）」は、東京・墨田区の押上というところにあります。店のまわりは下町のふんいきがあふれる商店街で、買いものをする地域の人たちがおとずれてにぎわいます。近藤さんの店を利用するお客の多くも、地元の人たちです。なかには、お父さんの代から親子2代でかよいつづけている人もいます。

→理容店のまわる看板は、サインポールといいます。もともとは外科を担当する医師の看板で、赤は動脈、青は静脈、白は包帯をあらわしているのです。

↑←お客の多くは顔なじみですから、お客の人がらや髪のことが理容師の頭に入っています。その情報をもとにして、ひとりひとりの髪をととのえることができるのです。これは、地域に密着しているからこそできることです。

理容店とはどのようなところかな？

近藤さんがかつやくする仕事場、理容店はどのようなところでしょう。
どんな設備があるか、みてみましょう。

清潔な環境が第一

理容店にとって、まず、第一に心がけることは清潔で衛生的な環境をたもつことです。仕事の前、仕事のあいま、仕事が終わったあと、こまめに店のなかをそうじします。

とくに、お客の髪を手入れしたあとは、切った髪の毛がたくさんでます。そのため、そうじはかかせません。

→閉店後は、スタッフ全員で床やカガミ、シャンプー台などのそうじをします。

↑イスの前には、洗面台があります。ここで、お客の髪を洗います。シャンプーは、水でうすめて頭の上からかけてあわだてます。この、理容店だけの特別な技術をスタンドシャンプーといいますが、理容師は、シャンプーが顔にたれてこないよう何度も何度も練習して身につけます。

理容店のいろいろな設備

お客のすわるイスのすぐ前には、大きなカガミがあります。理容師は、カガミにうつるお客のすがたをみながら、作業をすすめます。つまり、反対のすがたで髪をととのえるのです。

←↑お客の顔にあてがうタオルは、衛生に心がけます。使用ずみのタオルを洗たくしたあと、蒸気で熱して消毒するスチーマーという器具に入れます。とても熱くなったタオルは手で広げてさましますが、熱さになれることも理容師にはたいせつなことなのです。

愛用する道具の手入れと在庫管理がたいせつ

理容師は、毎日使うハサミやクシ、バリカンなどをていねいに消毒したり手入れをして、衛生や安全に気をつけます。また、シャンプーや整髪料などの在庫をチェックして、たりないものは注文しておきます。

←営業時間中の手があいたとき、在庫チェックをおこないます。

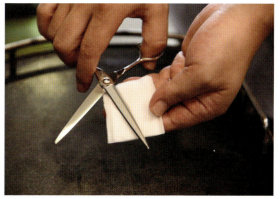

→↓ハサミやクシなどの道具は、一度使ったら消毒液をスプレーしたり、消毒液にひたした脱脂綿でふいてからつぎの人に使います。

↑←1日の営業が終わったら、クシやカミソリは消毒液につけておき、ハサミやバリカンなどは紫外線消毒器のなかに入れて消毒します。シェービングカップもきれいに洗ってかわかします。

理容師をめざしたきっかけ

近藤伸彦さん

プロフィール：カットスタジオ K's platz（ケイズプラッツ）の3代目、東京ヘアデザイナークラブ常任理事・本部講師、東京都理容生活衛生同業組合墨田支部教育部長・教育部講師、ケア理容師（※）。

近藤さんの家は、親の代からの理容店です。高等学校を卒業するとほかの理容店で修業しながら理容学校にかよいました。当時は、理容学校で1年間学び、卒業後に理容店で1年間働くと国家試験を受験できるという制度でした。国家資格をとったあと、その店で7年間にわたりうでをみがいて、父親の経営する「K's platz」にもどりました。

でも、近藤さんは最初から理容師をめざしたわけではありません。

「理容師の両親にあとをつげといわれることもなく、高校生になるまでは、別の仕事をめざそうと思っていました。でも、自分の店をもって働きたい、それには理容師という職業がベストだと思うようになり、理容師をめざそうという気もちが強くなっていきました」

ほかの店で修業したのも、自分をあまやかさないためだったのです。

※ケア理容師とは、高齢者や障害者の理容サービスに必要となる専門知識や技術の研修を受け、「ケア理容師」のマークが交付された理容師のこと（全国理容生活衛生同業組合連合会とシルバーサービス振興会が主催）。各都道府県でも独自のとりくみがあり、東京都の場合は「Tokyoケア理容師」制度を実施。

理容師の1日の仕事のながれ

理容店の定休日は基本的に週1〜2日で、営業中はお客の対応をし、営業の前後には開店準備と閉店後のそうじなどをおこないます。さらに、技術力をみがくために店が終わってから練習をすることもあります。ここでは、近藤さんの店を例に、1日の仕事のながれをみていきます。

開店準備

近藤さんの理容店は、朝9時に開店します。8時45分には店に入り、看板をだして玄関前をそうじし、カーテンをあければ、開店準備は終わります。

お客をでむかえる

お客がきたら、1日の仕事がはじまります。近藤さんの店には、理容イスが5台あり、お客を順ぐりに案内して作業します。お客のいないときは、道具の手入れや在庫チェックなどをおこないます。

お客の要望を聞く

お客をイスに案内して、髪型の要望を聞きます。若いお客のなかには、あらかじめスマートフォンで自分の希望する髪型を決めてくる人もいます。近藤さんは、お客の希望する髪型を確認。頭のなかにある技術のデータを整理して、お客に向かいあいます。

髪をカットする

近藤さんは、お客の希望どおりの髪型になるよう、さまざまな技術を使いながら髪をカットしていきます。

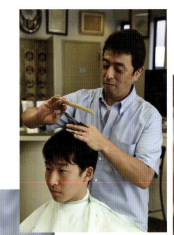

シャンプーをする

近藤さんは、スタンドシャンプーという技術で、お客の目にせっけんが入らないように注意しながらシャンプーします。そしてシャンプー台に前かがみになってもらい、洗いながします。

髪で個性を表現するヘアデザイナー

シェービング（顔そり）と耳そうじ

シェービングカップとシェービングブラシで粉せっけんをよくあわだててから顔にぬり、ひげの部分にホットタオルをあてて、ひげをやわらかくしてからそります。まゆ毛そりやまゆ毛カット、耳そうじや鼻毛カットもおこないます。

あわだて

せっけんをぬる

まゆそり

耳そうじ

カット後のシャンプーとマッサージ

シャンプーで、切ったあとのこまかな毛をきれいにながしたら、頭皮から首、肩までマッサージをおこないます。

セット

最後にドライヤーで髪型をととのえながら髪をかわかし、整髪料をつけて髪に動きをだします。すべて終了したら、会計をすませ、店の外までお客を送りだします。

閉店後

夜7時になったら、看板を店内に入れ、戸じまりをしたら閉店です。そのあと、レジで売りあげを集計したり、店内のそうじや道具の手入れをします。

出張理容をおこなうこともあります

近藤さんの店では、依頼先にでかけてカットなどをおこなう出張理容もうけています。定期的におこなっているのは、店が休みの日を利用して月に2回でかけている介護施設の出張理容です。

店から道具を持参し、施設のだんらんスペースを利用して、カットやシェービングをおこないます。近藤さんは、高齢者や障害者に対応する特別な研修をうけた「ケア理容師（25ページ参照）」でもあり、車イスのあつかい方にもなれています。

高度な技術を、つねにきたえる理容師

ヘアデザイナーの仕事 ④

理容師も美容師も、お客のために最適なヘアデザインを創造するために、
日ごろから技術とデザイン力の向上をはかる努力をつづけています。
理容師の小林雄太さんは、さまざまなコンテストに参加して、
自分の実力をたしかめながら、実力アップしています。

←↓小林さんが2年前にオープンさせた理容店。建物の外観や内装にもこだわり、お客がゆったりとくつろいだ気分ですごせるよう工夫されています。

↑スタッフをモデルに、カットの練習をする小林さん。いまも毎日の練習をかかすことはありません。

あこがれていた理容店のスタッフのことばに心動かされる

千葉県の柏という町に、男性のための理容店「SOL HAIR（ソルヘアー）」があります。店は、これまでの理容店のイメージを一新するおしゃれなスタイルにつつまれています。ここは、理容師になって14年のキャリアをもつ、小林雄太さんの店です。

小学校6年生のとき、小林さんは、それまでのイメージをくつがえすような理容店とめぐりあいました。その店は、スタッフ全員が20代の若い人ばかりで、仕事をするすがたがかっこよくみえ、小林さんはあこがれたといいます。

そんな小林さんは、中学生になると、自分で自分の髪をカットすることもあり、しだいに、将来は理容師になるという思いをいだくようになりました。しかし、自分はけっして手先が器用な方ではないと思っていた小林さんは、ある日、理容店で、どうすれば髪をじょうずにカットできるようになるか、自分でも理容師になれるかといったことをたずねました。

そのときにスタッフからかけられた、「手先の器用さはかんけいなく、たくさん練習すればかならずじょうずになる」ということばは、プロの理容師になったいまも、小林さんのチャレンジ精神を支えているのです。

理容師をめざしたときから、チャレンジははじまる

　高校生になった小林さんは、はっきりと将来の進路を決めました。ただ、当時はまだ、理容師でも美容師でも、どちらでもいいと考えていました。しかし、理容学校を受験するときには、あこがれの理容店のことが強く思いおこされ、理容師の道を選びました。

　理容学校では、友だちにもめぐまれて、楽しいふんいきのなかで基本の知識と技術を身につけることができました。こうして、無事に国家試験にも合格して、いよいよプロの道を歩みだすことになりました。

運命的な出あいがプロ意識を刺激する

　小林さんが就職したのは、東京・豊島区にある「Hair Life INABA（ヘアライフイナバ）」という店です。ここは、多くの理容コンテストで賞をとり、現在は東京都理容生活衛生同業組合の理事もつとめる稲葉孝博さんの店で、若いスタッフが理容コンテストでよい成績をおさめることができるよう、積極的に指導をしています。

　しかし小林さんは、理容学校時代の学生コンテストでよい成績をおさめたことはなく、コンテストに対してあまり積極的ではありませんでした。

　でも、就職して3年ほどがたち、そうじやシャンプーといったアシスタント業務から、少しずつお客のカットを手がけるようになり、自分がさらに向上していくためには、コンテストに参加してよい成績をおさめることが重要だと考えるようになりました。

　こうして、小林さんの理容コンテストへのチャレンジがはじまりました。

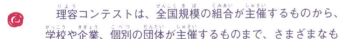
理容コンテストでは、どんなことをするの？

　理容コンテストは、全国規模の組合が主催するものから、学校や企業、個別の団体が主催するものまで、さまざまなものがあります。ここでは、東京ヘアデザイナークラブ（※）が年1回開催する「THDCコンクール」の第34回大会を例に、どんな内容なのかみてみましょう。

→各部門ごとホールの壇上にあがり、約30～40分の制限時間内にヘアスタイルを仕あげていきます。

↑マネキンを使った規定の髪型のカット技術をきそう部門から、フリーデザイン部門、人間のモデルを使い髪型・メイク・ファッションのトータルコーディネートにふたりひとくみでいどむ部門、パーマのロッドをまく技術をきそう部門まで全13部門があります。

※東京ヘアデザイナークラブ（THDC）とは、技術力・デザイン力ともに世界トップの実力をもつヘアデザイナーを育成するために、コンクールの開催や各種講習をおこなう理容師の集団で、昭和27年に発足。

→20名以上の審査委員が、作業のようすから仕あがりまでを審査し、各部門1～3位が表彰され、賞金と副賞が授与されます。

世界のトップと実力をきそうステージに立つために

　小林さんは、これまで以上に練習にはげみ、2009年の東京都理容競技大会に参加して準優勝にかがやきました。このときのよろこびをはげみに、さらにたくさんの理容競技大会に出場して、つぎつぎと優勝したのです。

　そして、全国理容競技大会に優勝した小林さんは、2016年に開かれた世界大会の日本代表メンバーに選ばれました。代表メンバーに選出されるためには、全国大会3位以上の実力がもとめられます。

　基本的に2年に一度開かれる世界大会は、正式には、OMC（世界理美容機構）が主催する「世界理美容技術選手権大会（OMCヘア・ワールド）」とよばれ、世界中から選ばれた理容師と美容師が1000人以上も参加します。

それぞれの部門で団体戦と個人戦がおこなわれ、技術とデザイン力を競技します。小林さんが出場した2016年の世界大会は、3月に韓国で開かれました。

　全国理容生活衛生同業組合連合会によって選ばれた日本の代表は、規定の髪型の技術をきそうテクニカルカテゴリーと、自由な髪型やカラーのバランスなどをきそうファッションカテゴリーで、それぞれ4人ひとくみのチームがくまれました。そのなかで、小林さんはファッションカテゴリーのプログレッシブカット部門（20分間でカットとセットをおこなう）と、ファッショントレンド部門（7分間でセットをおこなう）のメンバーに選ばれたのです。

チーム・トレーニング、そして、自主練習で大会にそなえる

　世界大会では、白い髪のマネキンを使い、制限時間内にデザインを仕あげます。マネキンは大会で指定されたものが使われ、出場するメンバーは自分で購入して練習をかさねます。

　チームが結成されると、月1回チーム・トレーニングがおこなわれます。合宿ではメンバーそれぞれが考えたデザインを、みんなでなん度もためしながら最終的にひとつにまとめていきます。

　一方、毎日の仕事のあいまには、自主練習がつづけられます。小林さんも、大会の課題テーマにあわせて、よりよいヘアスタイルを考えていきます。

←小林さんは、スポーツ用品やファッションの流行をつねにチェックし、さらに、自然の景観や動植物の写真をみながら、色やかたちのイメージを広げていきます。

←世界大会開催の1年半前に代表メンバーが発表されると、その翌月から月1回の、2日間連続のチーム・トレーニングがおこなわれます。

↓店の営業がおわってから、大会指定のマネキンを使って自主練習をくりかえします。

↑プログレッシブカットは、自由な発想のデザインのことです。練習では、大会規定のマネキンを使って、まず髪型のベースとなるカットをおこないます。

←カットのあと、何色ものカラー剤をまぜあわせながらオリジナルの色をつくり、約8色を使い、20時間以上かけて白い髪をそめていきます。

海外のコンテストに参加して、世界大会にそなえる

世界大会の前には、世界大会と同じメンバーで、アジアカップやヨーロッパカップなどに出場して、実戦を経験しながらトレーニングをつんでいきます。

← 2015年OMCアジアカップの表彰式のようす。

小林さんの世界大会挑戦へのながれ

- 2009年 ——— 東京都理容競技大会 準優勝
- 2010年 ——— 関東甲信越理容競技大会 優勝
- 2010年 ——— 全国理容競技大会 準優勝
- 2011年 ——— 東京都理容競技大会 優勝
- 2012年 ——— 全国理容競技大会 優勝
- 2014年7月 ——— 世界理美容技術選手権大会の日本代表メンバーに選出
- 2015年5月 ——— OMCアジアカップ 団体戦で金と銀メダル 個人戦で銅メダル
- 2015年9月 ——— OMCヨーロッパカップ 団体戦で4位
- 2016年3月 ——— OMCヘア・ワールド（世界理美容技術選手権大会）団体戦で金メダル、個人戦で銀と銅メダル
- 2016年7月 ——— つぎの世界大会（2017年開催）に向けての日本代表メンバーに選出

いよいよ、世界大会のときがきた！

本番では、事前にカラーとカットをほどこしたマネキンをもちこみ、規定の時間内に2cm以上のカットとセットをして仕あげをおこないます。

小林さんたち日本チームのメンバーは、大会本番の朝まで、現地のホテルで練習をかさねます。そして、会場に到着すると、全員で円陣をくんで、決意をあらたにします。

競技がはじまり、会場には緊張した空気がながれます。競技開始から20分後、色あざやかでうつくしいラインのプログレッシブカットが完成しました。

小林さんは、このプログレッシブカット部門で銅メダル、ファッショントレンド部門で銀メダルにかがやき、日本チームはテクニカルカテゴリーとファッションカテゴリーの団体戦で金メダルにかがやきました。

↑ヘア・ワールド2016に向けて、日本代表チームのオフィシャルスーツも完成しました。

↓本番当日の直前まで、ホテルで練習をかさねます。

↑熱気と緊張感につつまれた会場で、いよいよ競技がスタートします。

次ページへ

前ページより

↑小林さんのプログレッシブカット部門の競技のようす。事前にベースのカットとカラーをほどこしたマネキンを使い、うつくしい髪型に仕あげていきます。

↑←表彰式では、日の丸がほこらしくはためきます。

つぎの世界大会に向けて、あらたな挑戦がスタート

2016年3月の世界大会で好成績をおさめたあと、同年7月には、つぎの世界大会の日本代表メンバーが選出されました。この主力メンバーとして、小林さんの名前があがりました。現在は、毎日の仕事をつづけながら、練習にはげんでいます。

小林さんにとって、技術とデザイン力を広く世界に発信する世界大会は、はじまったばかりであり、これからもまだまだつづきます。それは、ヘアデザイナーにとって、かかせない仕事でもあるのです。

↑←小林さんは自身が参加する世界大会に向けての練習のほか、全国大会をめざす店のスタッフの指導・育成にも力を入れています。

小林雄太さん

プロフィール：国際理容美容専門学校理容科卒後、「Hair Life INABA（ヘアライフイナバ）」に就職。12年間うでをみがいて独立し、「SOL HAIR（ソルヘアー）」を開業。千葉県理容生活衛生同業組合特別講師、国際理容協会講師もつとめる。

ヘアデザイナーの気になるQ&A

あなたがめざしているのは
理容師ですか？ 美容師ですか？
ここでは、それぞれの疑問について
しらべていきましょう。

疑問が解ければ、
ヘアデザイナーという
仕事が少しずつみえて
くることでしょう。

Q1 理容師や美容師になるためには どのような進路を選べばよいのでしょうか？

A 高等学校の卒業がみとめられたら、理容・美容の専門の養成施設で学ぶことになります。

理容・美容の知識と技術を学ぶことができる専門の養成施設は、理容学校と美容学校とよばれています。

専門の養成施設（全日制の場合）では、基本的に実習を中心に基礎知識と基本の技術を学ぶことになります。理容・美容の国家試験を受験して、国家資格をとるためには理容学校と美容学校で学び、国家試験の受験資格を得ることが必要です。

理容学校と美容学校では、高等学校の卒業がみとめられた人なら、新卒者だけでなく、一般の大学で学んでいる人や、社会人として働く人も、専門の養成施設に入学して理容・美容について学ぶことができます。

また、高等専修学校（衛生課）では、中学校を卒業すれば、入学して理容・美容について学ぶことができます。

プロとしてかつやくする人のなかには、理容・美容の両方の資格をもっている人もいます。この場合は、理容と美容の養成施設で学び、それぞれの国家試験を受験して、それぞれの国家資格を得る必要があります。

Q2 専門の養成施設では、どのようなことを学ぶのですか？

理容師と美容師になるためには、厚生労働省または都道府県の指定を受けた養成施設で専門技術などを学び、国家試験を受験します。いずれの場合も、学科はもちろん、同時に実技の授業が義務づけられています。では、理容学校と美容学校で学ぶことをみていきましょう。

理容学校と美容学校で学ぶこと

学ぶ課程は、昼間課程と夜間課程（それぞれ2年間）、そして通信課程（3年間）がありますが、さだめられた単位がとれれば例外もあります。

そして、学ぶ内容は、かならずうけなければならない必修科目と、自由に選ぶことができる選たく必修科目があります。

理容の授業風景
写真提供：東京理容専修学校の例（東京都・西神田）

美容の授業風景
写真提供：東京総合美容専門学校の例（東京都・池袋）

■ 理容・美容学校で学ぶ選たく必修科目

外国語、コンピュータ、エステティックの技術など、それぞれの養成施設では、自由にカリキュラムをくむことができます。

たとえば、東京総合美容専門学校（東京・池袋）の美容科・美容師総合コースにある選たく必修科目では、つぎのような科目を学べます。

カット＆カーラー／パーマ／ヘアアレンジ／メイク／ネイル／エステ／着つけ／まつ毛エクステンション（自分のまつげ1本1本に、人工のまつ毛を専用接着剤でつけていく技術）

■ 理容・美容学校で学ぶ必修科目のおもな内容

○関係法規・制度…理容・美容の仕事にかかわる法律の内容を、理容師法と美容師法を中心に学びます。
○衛生管理…感染症・環境衛生などについて学び、必要な消毒の意義と目的、そして実際の方法を学びます。
○理容・美容保健…人体の構造、機能などについて学びます。
○理容・美容の物理・化学…仕事で使う器具や化粧品などを正しくあつかうために必要な物理・化学の知識を学びます。
○理容・美容文化論…仕事に必要な美的感覚と表現力をやしない、同時に歴史について学びます。
○理容・美容運営管理…接客の方法などを身につけて、管理の基本を学びながら運営するための管理方法を学びます。
○理容・美容技術理論…仕事で使う器具や機械の種類と目的を理解します。その正しい使い方を学びます。
○理容・美容実習…技術理論にそって、実習をしながら基本的な技術を身につけます。

理容学校と美容学校では、2年以上学ぶ時間数が厚生労働省によってさだめられています。

2年間の授業時間数は、2000時間以上です。このうち、実習時間は、800時間をしめます。

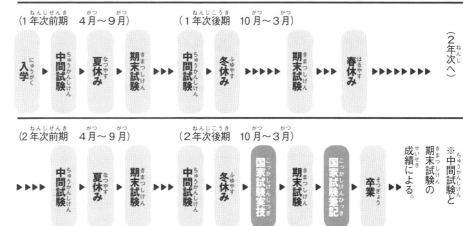

理容学校の授業のながれ（例）

（資料協力：東京理容専修学校）

授業のあいだには、遠足、修学旅行、学園祭など楽しい行事もあります。

中学校を卒業して理容・美容を学ぶことができる

高等専修学校は、高等学校と同じように中学校を卒業して進学することができる学校です。衛生分野、医療分野、工業分野について専門的に学ぶことができ、衛生分野には、調理師、製菓衛生士、そして、理容・美容の分野があります。

3年制の高等専修学校では、卒業すると4年制大学や短大、専門学校の受験資格を得ることができます。そして、理容・美容の国家試験の受験資格を得ることができます。

中学校を卒業したあと直接、理容学校・美容学校に進学できるケースもあるよ。

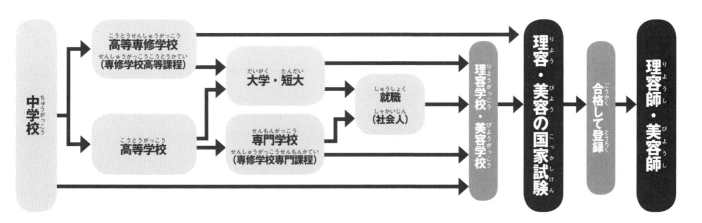

めざせ！ 理美容甲子園

全国の理容学校と美容学校で学んでいる学生が参加できるコンテストがあります。正式大会名は「全国理容美容学生技術大会」（主催：日本理容美容教育センター）といい、全国11地区でおこなわれる地区大会ですぐれた成績をおさめた人が全国大会にすすむことができます。2016年の第8回大会では、約2万3030校から約3000人が地区大会に出場しました。

競技は、理容部門、美容部門、ネイルアート（手足のツメを化粧したり装飾すること）部門と、手描きのヘアデザイン部門があります。ヘアデザインの競技には、養成施設で学ぶ学生のほか、中学・高校生が参加できます。

Q3 養成施設を卒業したあと、どうすればプロとしてかつやくできますか？

　理容師法と美容師法でさだめられた国家資格を取得する必要があります。国家資格を取得するには、国家試験を受験して合格後に登録します。そのあと、厚生労働大臣の認可がおりると国家資格を取得することができます。国家資格を取得すると免許が交付されて、はじめてプロとして仕事をすることができます。
　国家試験は、実技試験と筆記試験がおこなわれます。

　受験資格（2016年現在・厚生労働省資料）…養成施設に1998年以降に入学した人は、昼間・夜間課程を2年以上、通信課程を3年以上の修了が必要。1998年以前に入学した人は、昼間課程を1年以上、夜間課程を1年4か月以上、通信課程を2年以上の修了が必要。

■理容師の国家試験の内容
（2016年の場合）

●実技試験…理容の基礎的技術（カッティング、シェービング、顔面処置、整髪）、身体・用具類の衛生上のとりあつかい
●筆記試験…関係法規、制度、衛生管理、理容保健（人体の構造および機能ほか）、理容の物理・化学、理容理論

■美容師の国家試験の内容
（2016年の場合）

●実技試験…美容の基礎的技術（カッティングほか）、身体・用具類の衛生上のとりあつかい
●筆記試験…関係法規、制度、衛生管理、美容保健（人体の構造および機能ほか）、美容の物理・化学、美容理論

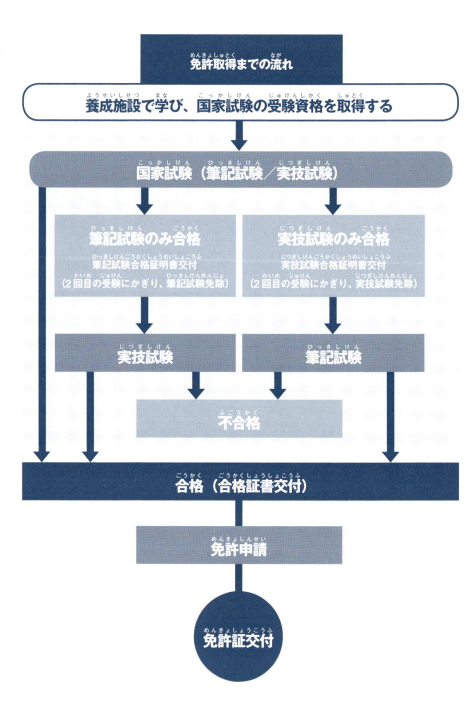

免許取得までの流れ

Q4 理容師と美容師としてかつやくするためには、どんな道具を使いこなさなければなりませんか？

共通する道具がたくさんありますが、それぞれの仕事で特ちょうがあります。

理容師と美容師が使う道具のほとんどは、人の肌にじかにふれるものです。なかには刃がついたものもあります。そのため、キズをつけないように、道具を使いこなすための高度な技術がもとめられます。

高度な技術は専門の養成施設で学び、道具の正しい使い方は、国家試験でも実技試験の課題になっています。理容師と美容師にとっては、道具をじょうずに使いこなすことが最低条件なのです。そのため、理容師と美容師は、日ごろから道具の手入れをおこたりません。

ハサミ

シザーという、髪の毛のカットをするための道具です。理容・美容の現場では、もっとも重要な役割をはたす道具のひとつになります。さまざまなサイズがあり、髪をカットする部分にあわせて使いわけます。

↑→ハサミをもつ指をとおす「指穴」は、左右にあります。右の指穴の上にあるでっぱりは、「小指かけ」といいます。小指かけは文字どおり小指をかけるところで、ハサミをあつかうとき、小指を動かさないようにする役目があります。そして、親指側の刃を動かして髪をカットします。

セニングシザー（すきバサミ）

髪の毛をすいて、髪の毛の量を調整するためのハサミです。刃は、髪の毛をすくためのクシの歯と、髪の毛をカットするための刃が一対になっているのが特ちょうです。クシの歯のかたちは、いろいろな種類があります。

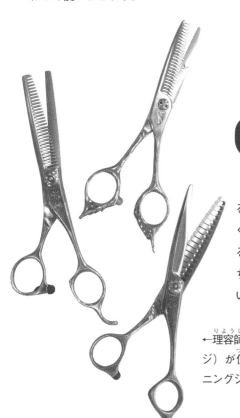

←理容師の近藤さん（23ページ）が使いこなす基本のセニングシザー。

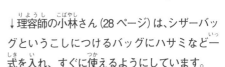

↓理容師の小林さん（28ページ）は、シザーバッグというこしにつけるバッグにハサミなど一式を入れ、すぐに使えるようにしています。

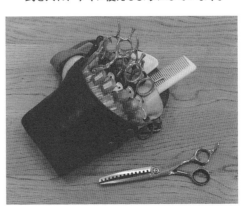

コーム（クシ）

カット、パーマ、カラーなどのとき、髪を少しずつすくいとるために使います。理容師は、荒い歯からこまかい歯までのコームをつかいわけながら刈りあげていきます。

→美容師の渋谷さん（13ページ）が愛用するコームは、一本に、粗歯と密歯とよばれるふたつの種類の歯がついているタイプ。

↑→近藤さんが愛用するクシ。

フェザースタイリングレザー
（レザーカット用のカミソリ）

レザーカットは、ななめにけずるように髪の毛を切ることです。専用のカミソリで手ぎわよくすすめられます。

↑近藤さんが使うフェザースタイリングレザー。

ドライヤー

プロ用のパワフルなドライヤーを使用。マイナスイオンを発生させて熱から髪を守る機能つきのものなどもあります。

↓熱から髪をまもるマイナスイオン発生機能がついた、渋谷さん愛用のドライヤー。→右側は、風は弱いけれど、強い熱をだすので、かたい毛や短い毛をねかせるときなどに使う近藤さん愛用のドライヤー。

ヘアブラシ

ドライヤーをあててブローという作業をしたり、髪をたばねるアップの作業のとき、髪型をととのえるために使う道具です。

↑美容師の里巴さん（18ページ）は、用途によっていろいろなヘアブラシを使いわけています。

バリカン

髪の毛を刈りこむときにつかう道具。近藤さんは刈る場所にあわせて3種類を使いわけています。

ヘアデザイナーの気になるQ&A